Heriburg Laarmann

Kinder
beten den Kreuzweg

DREI MODELLE

Herder
Freiburg · Basel · Wien

Einbandillustration und Kreuzwegstationen von Egino Weinert

Herstellung: Freiburger Graphische Betriebe 1991
ISBN 3-451-22288-4

Vorwort

Wir alle sind auf dem Weg des Lebens. Wir suchen nach Glück und sehnen uns nach einem „Leben in Fülle". Wir möchten, daß unser Lebensweg glatt verläuft, daß wir ihn ohne Hindernisse gehen können. Angst, Enttäuschungen, Krankheit, Schmerz, Verlassenwerden, Trauer und vieles andere kommen uns quer, kreuzen unsern Weg, durchkreuzen unsere Hoffnungen, Wünsche und Pläne. Sie werden für uns zum Kreuz. Wir leiden, wenn uns ein Kreuz auferlegt wird, das belastet, bedrückt, das unangenehm und schwer ist. In solchen Situationen wird unser Lebensweg zum Leidensweg, zum Kreuzweg. Oft hören wir vom Leidensweg anderer Menschen, oder wir sehen, wie schrecklich Menschen in dieser Welt leiden müssen.

Uns Christen ist der Leidensweg Jesu besonders wichtig geworden. Seit vielen Jahrhunderten gehen Menschen den Kreuzweg Jesu nach. Sie möchten mit ihm gehen, um innerlich dorthin zu kommen, wo er ist. Die Bibel und viele Kreuzwegbilder erzählen vom Leidensweg Jesu. In 14 oder 15 Bildern – Kreuzwegstationen genannt – wird uns der letzte Weg Jesu vor Augen geführt. In allen Kirchen gibt es Kreuzwegbilder, manchmal auch auf Wegen, an Wallfahrtsorten und auf Friedhöfen. Nicht nur große Künstler, sondern auch Kinder haben schon gute Kreuzwegbilder gemalt, die helfen, über das Leiden Jesu damals und heute nachzudenken, über das Leid der Menschen und der guten Mutter Erde.

Das Kreuzweg-Gehen und Kreuzweg-Beten ist eine Möglichkeit, Jesus zu begegnen und seine große Liebe zu uns bewußter wahrzunehmen. Wir lernen *Jesu Liebe* am besten kennen, wenn wir erahnen können, was er für uns gelitten hat. Wer für mich etwas Schweres aushält, Leid erträgt, für mich eintritt, auch wenn es ihm wehtut, der ist wirklich mein Freund, meine Freundin. Auf dem Kreuzweg lernen wir *uns selbst* besser kennen. Wir merken, wie wir uns verhalten, wenn wir andere leiden sehen oder ihnen Leid zufügen. Wir merken, wie wir uns verhalten, wenn wir selbst leiden müssen. Wenn wir mit Jesus den Kreuzweg gehen, können wir spüren, daß wir nicht allein sind mit unserem Leid. Jesu Nähe gibt uns Kraft auf den oft so schwierigen und schmerzvollen Wegen.

Jesus ist auch heute noch unterwegs mit seinem Kreuz. In allen Leidenden begegnet er uns. Wir lernen das *Leid der Menschen* und die *Bedrohung der Schöpfung* anders sehen, wenn wir den Weg Jesu bedenken und gehen. Er bittet uns, allen Leidenden zu helfen, so wie er es getan hat. Er sagt: Was ihr dem geringsten meiner Schwestern und Brüder tut, das tut ihr mir (vgl. Mt 25, 40). Die Kreuzwegbilder erzählen vom Leid, das Menschen Jesus zufügen. Sie erzählen von unserem Leid und vom Leid, das wir einander antun. Sie erzählen von Menschen, die andere quälen, und von solchen, die mitleiden, trösten und helfen. Davon sprechen auch die Texte, die ich zu den Kreuzwegstationen geschrieben habe.

Egino Weinert aus Köln hat die Bilder dieses Kreuzweges gestaltet. Ich bin ihm dankbar, daß er sie für dieses Heft zur Verfügung gestellt hat. Die Texte werden dadurch wertvoll ergänzt. Von Egino Weinert habe ich schon viele Zeichen der Freundschaft und Impulse für meinen Glauben und die Glaubensverkündigung bekommen. Dem künstlerischen Ausdruck der Bilder möchte ich nichts hinzufügen. Sie sprechen für sich, laden ein, sie still anzuschauen, um durch sie die Botschaft vom Leiden, Sterben und Auferstehen zu vernehmen. Wer diese Bilder auf sich wirken läßt, sich mit hineinnehmen läßt ins Bild, wird spüren, daß diese Bilder uns bilden möchten, damit Jesus Christus in uns Gestalt annehmen kann.

Die Texte wollen anregen, allein oder mit anderen in der Familie, in der Gruppe, in der Schule, in der Kirche den Kreuzweg zu beten, nachzuempfinden, zu malen oder zu gestalten. Sie wollen Kindern und allen, die mit ihnen beten, helfen, ihr Leid und das Leid dieser Welt mit dem Leiden Jesu in Verbindung zu bringen. Sie wollen durch die Begegnung mit Jesus allen Mut machen, die ein Kreuz tragen müssen oder unter ihrem Kreuz zusammenbrechen. Wer mit Jesus sein Kreuz trägt, so gut es möglich ist, hilft mit, den Sinn von Leid und Not etwas zu erhellen. Wer mit Jesus den Kreuzweg geht, der geht immer in Richtung Leben. Bilder und Texte wollen Hoffnung wecken und den Glauben stärken, daß Jesus durch Dunkelheit ins Licht, durch Leid zur Freude, aus dem, was uns gefangenhält, in die Freiheit führt. Der Weg Jesu endet nicht am Kreuz, nicht im Grab, sondern in der Auferstehung und im unvergänglichen Leben. Weil das Kreuz sich nur von Ostern her verstehen läßt, darum endet dieser Kreuzweg auch nicht bei der Grablegung Jesu, sondern bei der Auferstehung. Jesu Kreuzweg befreit uns von unseren Todfeinden: Sünde und Tod. Er führt durch Leiden und Sterben in die Auferstehung, in das unvergängliche Leben. Jeder Kreuzweg verkündet das Geheimnis unseres Glauben, daß im Tod das Leben liegt.

Kinder, die den Kreuzweg beten, oder solche, die es mit ihnen tun, werden wohl nie alle 15 Kreuzwegstationen an einem Tag bedenken, sondern auswählen. Sinnvoll ist es, alle Stationen innerhalb der österlichen Bußzeit zu bedenken. Zwei Gottesdienstentwürfe, wie ich mit Kindern und Erwachsenen den Kreuzweg gebetet habe, wollen Anregung sein, Stationen auszuwählen und sie sinnenhaft, ganzheitlicher zu gestalten. Dabei können auch Stationen des Leidens Jesu bedacht werden, die im traditionellen Kreuzweg nicht vorkommen. Wir haben gemerkt, daß es gut ist, den Kreuzweg miteinander zu gehen und ihn zu bedenken an Orten des Leidens in der Gemeinde (an gefährlichen Straßenkreuzungen, auf Parkplätzen, die den Kindern Spielmöglichkeiten nehmen, an einer geschlossenen Fabrik, wo durch die Arbeitslosigkeit der Eltern auch Kinder betroffen sind. Weitere Möglichkeiten: kranke, abgeholzte Wälder, Müllplätze, große Baggerlöcher beim Steinbruch oder Kohleabbau, die der Mutter Erde tiefe Wunden zufügen usw.). Dort, wo das Leid besonders auffällig wird, oder wo es schon zum Alltag gehört, können wir es zur Sprache bringen, es in unser Gebet hineinnehmen und eine entsprechende Kreuzwegstation aus dem Leben Jesu bedenken. Wer mit dem Kreuz zu Orten des Leidens in der Gemeinde geht, bekennt sich damit zu Jesus Christus, dem Gekreuzigten, der sich auf die Seite der Leidenden gestellt hat und dafür selber Kreuz und Leid tragen mußte. Wer diesen öffentlichen Zug scheut – oder wo es nicht zu organisieren ist –, kann das Leid dieser Stellen durch Transparente, Bilder, Fotos in oder an der Kirche zur Sprache bringen. In der Kirche lassen sich auch Dias zu den jeweiligen Stationen einblenden. Zeichenhandlungen oder gemeinsame Aktionen wollen den biblischen Text oder eine Aussage der jeweiligen Kreuzwegstation erlebbar werden lassen. Die gemachten Vorschläge wollen Anregung sein, bedürfen aber der Überlegung und Organisation vor Ort. Es ist möglich, daß einzelne Gruppen jeweils eine Kreuzwegstation vorbereiten (selbstgemalte Bilder, Collagen; Texte auf große Papierbahnen bringen usw.). Die gemeinsame Vorbereitung setzt voraus, daß die Mitglieder einer Gruppe sich verständigen und sich intensiver mit dem Text und den Bezügen zum heutigen Leben auseinandersetzen. Wenn viele kleinere Kinder mitgehen, wird es nötig sein, die Texte so zu formulieren, daß sie von allen verstanden werden können.

Die erzählenden Texte zu den Kreuzwegstationen können vom Leiter / von der Leiterin des Gottesdienstes erzählend vorgetragen werden, so daß eine Verbindung zur Darstellung der Kreuzwegstation hergestellt wird. Jeweils von einem Jungen und Mädchen oder von einem Kind und einem Jugendlichen oder Erwachsenen aus der vorbereitenden Gruppe können die folgenden Gebete vorgetragen werden. Um möglichst viele Kinder aktiv zu beteiligen, ist es gut, wenn an jeder Station verschiedene Kinder zu Wort kommen und in das Geschehen einbezogen werden.

Alle, die den Kreuzweg Jesu, Kreuz und Leid im Leben der Menschen und der Welt betend bedenken, mögen erfahren, daß im Kreuz Heil und Leben zu finden ist.

Duingen, Allerheiligen 1990

> *Heriburg Laarmann,*
> Franziskanerin von Lüdinghausen

Mit Kindern
den Kreuzweg beten

Eröffnung

Lied

Wo zwei oder drei in meinem Namen versammelt sind
(T: Mt, 18, 20, M: Jesus-Bruderschaft, Gnadenthal)

Begrüßung und Einführung

Leiter/in: Es ist gut, daß wir zusammengekommen sind, um betend und singend den Kreuzweg zu gehen. Auf dem Weg wollen wir miteinander Kreuz und Leid im Leben Jesu, in unserem Leben und in dieser Welt bedenken. Wir glauben, daß wir mit unserem Kreuz nicht allein sind. Wir beginnen mit dem Kreuzzeichen. Mit diesem Zeichen bekennen wir uns zu Jesus Christus, dem Gekreuzigten, der allen helfend nahe ist, die leiden müssen und ein Kreuz zu tragen haben.

1. Kind: Wege, die uns von unserem Leid oder vom Leid anderer Menschen erzählen, gehen wir nicht gerne. Wir können es so schwer verstehen, warum Jesus leiden mußte, warum Menschen heute so fürchterlich leiden müssen, und warum uns manchmal Schmerz und Leid das Leben schwer machen.
Jesus, laß uns immer mehr verstehen, daß Leiden, Scheitern und Sterben einen Sinn haben können.

2. Kind: Danke, Jesus, daß du uns auf deinem ganzen Lebens- und Leidensweg gezeigt hast, daß du uns liebst. Du führst aus der Dunkelheit ins Licht, durch Leid zur Freude und vom Tod zum Leben. Laß uns glauben, daß deine Liebe stärker ist als der Tod.

Alle: Stärke auf diesem Kreuzweg unseren Glauben, unsere Hoffnung und unsere Liebe. Amen.

Lied
GL 521: Herr, gib uns Mut zum Hören

I.

Jesus wird zum Tod verurteilt

Leiter/in: Jesus hat keinen Menschen verurteilt. Von den Mächtigen seiner Zeit aber wird er angeklagt und verurteilt. Sie haben sich geärgert, daß Jesus Kranke, Hungrige und Sünder in seine Nähe gelassen hat, daß für ihn die Menschen wichtiger waren als die Gesetze. Seine Botschaft von der großen Liebe Gottes zu allen Menschen, die er verkündet hat, paßte nicht zu dem, was die Frommen seiner Zeit lehrten. Darum wird Jesus als Gotteslästerer angeklagt und verurteilt.
Gefesselt schleppen sie ihn zu dem römischen Land-

pfleger Pilatus. Er muß das Todesurteil sprechen. Pilatus ahnt, wer Jesus ist. Er findet ihn unschuldig. Aus Feigheit aber verurteilt er Jesus zum Tod. Er will ein Freund des Kaisers bleiben. Er möchte auch die Führer der Juden und das Volk nicht gegen sich haben. Darum verurteilt er Jesus. Nachdem er das ungerechte Todesurteil gesprochen hat, wäscht er sich in scheinbarer Unschuld die Hände. So will er seine Schuld auf die Menschen schieben, die so laut schreien: „Ans Kreuz mit ihm!" Jesus wehrt sich nicht. Er schweigt. Er läßt es geschehen, daß man einen Mörder, den Barabbas, ihm vorzieht.

1. Kind: Jesus hat sich auf die Seite der Menschen gestellt, die verachtet, verurteilt, abgelehnt werden. Er will diesen Menschen in besonderer Weise Gottes Nähe und Liebe zusagen und schenken.
Jesus wird auch heute noch oft verurteilt und abgelehnt von Menschen, die seinen Namen tragen. Sie meinen, er stört ihr Leben. Das, was sie tun, paßt nicht zu dem, was er will. Wieviele Menschen haben sein Bild falsch gezeichnet und nur das von ihm gesagt und geschrieben, was ihnen paßte.

2. Kind: Jesus, du weißt aber auch, wie schnell wir über andere urteilen und sie verurteilen, wie leicht wir den Stab über andere brechen und ihre Ehre verletzen. Wie oft tun wir anderen Unrecht und kränken oder beleidigen sie. Manchmal verurteilen wir andere nur, weil sie anders aussehen, anders sprechen, anders leben oder andere Wege gehen als wir. Wie leicht schreiben wir sie ab, wollen nichts mehr von ihnen wissen, nichts mehr mit ihnen zu tun haben. Vergib, was wir dir und den Menschen angetan haben.

16

Alle: Jesus, du weißt, wie oft auch wir es versuchen, unsere Hände in Unschuld zu waschen wie Pilatus.
Wenn andere uns ungerecht be- oder verurteilen, dann leiden wir mit dir. Danke, daß du uns nie verurteilst. Es ist gut, daß du uns liebst und immer zu uns stehst. Laß uns deine Liebe weiterschenken allen, die verurteilt und abgelehnt werden. Hilf, daß wir uns für Gerechtigkeit und Wahrheit einsetzen. Amen.

Lied

Ich möcht, daß einer mit mir geht (T und M: Hanns Köbler aus: „Neue geistliche Lieder", BE 285, G. Bosse Verlag, Regensburg) *oder* O Herr, mach mich zu einem Werkzeug deines Friedens (T: Franz von Assisi, M: Rolf Schweizer)

Bibelstellen: Mt 27, 11–26; Mk 15, 2–15; Lk 23, 13–25; Joh 18, 28–19, 16 a

II.

Jesus nimmt das Kreuz auf seine Schultern

Leiter/in: Die Würfel sind gefallen. Das Todesurteil ist
gesprochen. Die Soldaten haben Jesus verspottet und
grausam gequält. Sie haben ihn gegeißelt, ihm eine
Dornenkrone auf den Kopf gedrückt und ihn zum Spott
mit einem roten Königsmantel bekleidet. Jetzt laden sie
Jesus das schwere Kreuz auf. Er muß es selbst bis zur
Hinrichtungsstätte tragen. Schweigend nimmt Jesus
das Kreuz an und trägt es aus Liebe zu den Menschen,

auch aus Liebe zu den Menschen, die ihm das Leid zufügen.

1. Kind: Unser Kreuz hat viele Namen. Es kann Krankheit heißen oder Behinderung, Scheidung der Eltern oder in der Klasse nicht gut mitkommen. Es kann heißen: immer auf kleinere Geschwister aufpassen müssen, weniger haben als andere, eine andere Hautfarbe haben oder ... oder ...
Was unangenehm und schwer ist, möchten wir nicht annehmen. Wir wehren uns dagegen.
Oft sind wir uns selbst eine Last. Wir können uns nicht so annehmen wie wir sind: schwach, klein, unterschiedlich begabt ...
Jesus, vergib uns, wenn wir anderen zur Last fallen, weil wir nur an uns denken und rücksichtslos handeln. Vergib, wenn wir anderen ein schweres Kreuz aufgeladen haben.

2. Kind: Jesus, du bist dem Kreuz nicht ausgewichen. Du hast die schwere Last angenommen, weil du uns liebst. Du trägst dein Kreuz, damit alle im Kreuz und im Leid dir, der Liebe, begegnen können. Danke, daß du das Kreuz auf dich genommen hast, daß du uns erleben läßt, was Liebe ist. Danke, daß du das Kreuz für uns trägst.

Alle: Jesus, mache uns bereit, mutig anzunehmen, was uns querkommt. Nur wenn wir unser Kreuz annehmen, kann es uns Frieden und Leben schenken.
Danke, Jesus, daß du uns nicht allein läßt mit unserem Kreuz und Leid.
Amen.

Lied

Jesus wohnt in unserer Straße (T: Rudolf Otto Wiemer, M:
Ludger Edelkötter, Impulse Musikverlag, 4406 Drensteinfurt)

Bibelstellen: Mt 27, 31 b; Mk 15, 20 b; Joh 19, 17

III.

Jesus fällt zum ersten Mal

Leiter/in: Mit lautem Geschrei haben sie Jesus durch die holprigen Straßen von Jerusalem getrieben. Nach den Folterungen der Nacht schleppt er mühsam sein Kreuz. Jetzt aber kann er nicht mehr. Jesus wankt und fällt. Er liegt am Boden, im Dreck der Straße. Seine Schwäche reizt die Folterknechte. Sie ziehen ihn hoch und zwingen ihn, weiterzugehen. Sie kennen keine Gnade und kein Erbarmen.

1. Kind: Mit dem Kreuz beladen, mit unserem Kreuz beladen, ist Jesus gefallen. Wir wissen, wie schmerzhaft es ist, wenn wir stolpern und fallen. Dennoch lachen wir manchmal und sind schadenfroh, wenn andere auf die Nase fliegen oder im Dreck liegen. Leider geschieht das auch schon mal durch unsere Schuld.

2. Kind: Jesus, manchmal lassen uns andere fallen oder bringen uns zu Fall. Manchmal legen sie uns herein oder sorgen dafür, daß wir auf der Strecke bleiben. Das tut weh. Du weißt, wie schnell uns alles zu schwer und zu anstrengend wird, wie leicht wir aufgeben, wenn andere uns eine Last zumuten. Hilf uns, wenn wir nicht mehr weiterkönnen, wenn das Leid zu groß ist oder die Last der anderen uns zu Boden drückt.

Alle: Jesus, du bist für uns eine starke Kraft. Laß uns immer dann, wenn wir am Boden liegen und nicht mehr weiterkönnen, wieder Fuß fassen, deine Nähe und Liebe erfahren und daraus Kraft schöpfen, weiterzugehen. Bleibe uns nahe in unserem Elend und schenke allen, die gefallen sind, deine Nähe und die Kraft, mit dir wieder aufzustehen. Amen.

Lied
Laß uns in deinem Namen, Herr, die nötigen Schritte tun (T und M: Kurt Rommel, Burckhardthaus-Verlag, Gelnhausen) *oder* Es gibt ein Wort (T und M: Alfred Flury, Cappricio Musikverlag Hamburg)

IV.

Jesus begegnet seiner Mutter

Leiter/in: Auf dem Kreuzweg begegnet Jesus seiner traurigen Mutter. Sie leidet mit ihm. Sie läßt ihn nicht im Stich wie seine Freunde, die geflohen sind. Maria geht den schweren Weg mit. Sie will und muß Jesus, ihrem Sohn, nahe sein in seinem Elend. Sie glaubt an das Gute in ihrem Kind. Sie will Jesus sehen, um ihm zu zeigen, daß sie zu ihm steht, auch wenn sie nicht verstehen kann, was Menschen ihm antun. Maria geht den

Kreuzweg mit. Sie ist bei Jesus, auch wenn sie ihm die schwere Last nicht abnehmen kann. Sie sieht sein Leid, seinen verwundeten Körper, der nicht nur seine Liebe offenbart, sondern auch die Bosheit der Menschen. Ihre Blicke treffen sich. Sie verstehen und wissen beide, daß sie diesen Weg weitergehen müssen in der Hoffnung, daß die Wahrheit stärker ist als die Lüge und die Liebe stärker als der Tod.

1. Kind: Maria, wir danken dir, daß du bei Jesus geblieben bist und mit ihm für uns gelitten hast. Du bist unsere Mutter. Hilf, daß wir in allem Leid an Jesus festhalten und ihm vertrauen.

Jesus, es ist schwer, wenn wir zusehen müssen, wie Menschen leiden, die wir liebhaben. Laß uns – wie Maria – den Leidenden nahe sein und ihnen zeigen, daß wir zu ihnen stehen.

2. Kind: Jesus, du begegnest uns in vielen Menschen, die eine schwere Last zu tragen haben: in Kranken, Behinderten, Heimatlosen, Armen, Hungernden, oft auch in den Eltern, Großeltern, in Geschwistern und in Kindern aus der Klasse oder … oder …

Viele warten auf ein gutes Wort, auf einen verständnisvollen Blick. Jesus, laß uns dich nicht übersehen in den Menschen, die auf unsere Hilfe warten. Gib, daß wir durch unsere Liebe und Aufmerksamkeit, durch Blicke oder Worte, durch Hilfe oder Zärtlichkeit zeigen können, daß wir zu ihnen stehen. Mache uns bereit, wo immer es möglich ist, ein Stück ihres Weges mit ihnen zu gehen.

Alle: Jesus, du weißt, daß wir immer dann, wenn wir leiden, wenn wir uns unverstanden und abgelehnt fühlen, wenn wir Angst haben oder Schmerzen, auf Menschen warten, die bei uns bleiben, die uns trösten und liebhaben. Danke, daß du uns durch Eltern, Großeltern, Geschwister, Lehrer, Freunde und Freundinnen solche Menschen geschenkt hast. Amen.

Lied

Wenn wir das Leben teilen (T: Rozier/Hans Florenz, M: Wakkenheim, Satz: Hans Florenz)
oder   Ubi caritas (Gesang aus Taizé)
oder   GL 299: Manchmal kennen wir Gottes Willen

V.

Simon von Zyrene
hilft Jesus das Kreuz tragen

Leiter/in: Jesus ist der Ohnmacht nahe. Die Soldaten müssen einsehen, daß er die Last des Kreuzes nicht mehr tragen kann. Sie zwingen darum Simon, der gerade vom Feld kommt, ihm das Kreuz tragen zu helfen. Simon trägt zuerst die Last des Kreuzes nicht freiwillig mit. Jesus muß sich helfen lassen von einem Menschen, der dazu gezwungen wird. Solche Hilfe ist oft peinlich und belastet. Simon erkennt aber bald, daß Jesus unschuldig, arm und hilfsbedürftig ist. Und dann hilft er gern.

1. Kind: Jesus braucht auch unsere Hilfe. In allen leidenden und belasteten Menschen begegnen wir ihm. Wir sind oft Simon ähnlich. Wir drücken uns gern, wenn unser Plan durchkreuzt wird, wenn uns etwas querkommt. Wir haben keine Lust, dem anderen zu helfen, besonders dann nicht, wenn es jemand ist, der von den anderen abgelehnt wird. Wir finden viele Ausreden, weil wir das Kreuz solcher Menschen nicht mittragen wollen: Wir haben keine Zeit, wir haben es nicht eingeplant. Jeder hat doch genug mit seiner eigenen Last zu schleppen. Was geht uns die Last fremder Menschen an?
Wenn wir aber anderen das Leid erträglicher gemacht haben, dann haben wir gespürt, wie froh es macht, helfen zu können, dann haben wir gefühlt, daß der Leidende auch uns beschenkt.

2. Kind: Jesus, in jedem Kreuz, das wir einem anderen tragen helfen, bist du uns nahe und läßt uns spüren und erleben, daß du auch unser Kreuz trägst und uns hilfst, weiterzukommen. Gib uns Mut und Kraft, „Simon" zu sein, der dir immer noch hilft.

Alle: Jesus, manchmal müssen wir uns helfen lassen, wenn unser Kreuz zu schwer wird. Es ist nicht immer leicht, sich helfen zu lassen von anderen Menschen. Laß uns dankbar die Hilfe annehmen, die du uns in solchen Situationen schenkst. Amen.

Lied

Wer befreit ist, kann befreien (M: Peter Janssens, aus: Ehre
sei Gott auf der Erde, P. Janssens-Musikverlag, Telgte)
oder   Den Weg wollen wir gehen (T: H. J. Netz, M: Choral
Brother Ogo, aus: Werkmappe Misereor 1975)

Bibelstellen: Mt 27,32; Mk 15,21; Lk 23,26

VI.

Veronika reicht Jesus das Schweißtuch

Leiter/in: Unter dem Johlen der Menge, der Spötter und Schaulustigen, schleppt Jesus sein Kreuz weiter. Sein Gesicht ist verschmutzt von Speichel, Blut und Schweiß. Veronika gehört zu den Frauen, die Jesus nahe bleiben. Mutig drängt sie sich durch die schaulustige Menge. Sie geht zu Jesus und bekennt sich zu ihm. Damit er sein blut- und schweißbedecktes Gesicht trocknen kann, reicht sie ihm ein Tuch. Jesus nimmt diesen kleinen Dienst dankbar an und läßt sein Bild in ihrem Tuch zurück. Das ist ein kostbares Geschenk.

1. Kind: Jesus schenkt Veronika sein „wahres Bild". Damit erfüllt er eine uralte Bitte aller Frommen: „Herr, zeige uns dein Gesicht!" In diesem schmerzerfüllten, entstellten Gesicht zeigt Jesus uns seine große Liebe, zeigt er uns, wo er heute zu finden ist: in allen, die leiden, die erniedrigt und in den Schmutz getreten werden.
„Veronika" ist überall, wo Menschen einander in ihrem Leid beistehen.
Jesus, es gibt viele Gesichter, durch die du uns heute anschaust und um Hilfe bittest: Gesichter von unterernährten, ungeliebten, mißhandelten, verwahrlosten Kindern, Gesichter von Flüchtlingen, Kranken, Behinderten ... Unzählige Gesichter schreien uns dieselbe Botschaft entgegen: Helft uns, menschlich zu leben!

2. Kind: Jesus, vielleicht bist du schon oft an uns vorbeigezogen, und wir haben dir das Gesicht nicht getrocknet. Vielleicht hast du uns schon oft dein Gesicht zeigen wollen, aber wir haben es nicht erkannt. Weil wir immer danach fragen, was andere denken und sagen, verpassen wir den Augenblick, wo du unser Tuch brauchst. Veronika zeigt uns, daß wir mit den Möglichkeiten, die wir haben, dir dienen und begegnen können. Du nimmst unsere kleinen Zeichen der Liebe an und beschenkst uns mit besonderen Zeichen deiner Nähe.

Alle: Jesus, laß uns wie Veronika spontan helfen durch ein freundliches Wort, ein Lächeln, ein Zeichen des Verstehens. Laß uns aufmerksam sein, wo wir anderen das Leid erträglicher machen können. In allen kleinen Diensten, die wir aus Liebe tun, begegnen wir dir. Jesus, mache uns bereit, das Leid der anderen zu lindern, wo immer es möglich ist. Präge du dein Bild tief in unser Leben ein. Amen.

Lied

Kanon: Im Anschauen deines Bildes (Quelle unbekannt, aus: „Singt ein neues Lied" Hauptabteilung Seelsorge, Generalvikariat, Köln)

oder Jedem gibst du deine Hände (T: Rolf Krenzer, M: L. Edelkötter, Impulse-Verlag, Drensteinfurt)

oder GL 622: Hilf, Herr meines Lebens

VII.

Jesus fällt zum zweiten Mal unter dem Kreuz

Leiter/in: Wieder liegt Jesus am Boden und kann nicht mehr. Das Kreuz ist zu schwer und der Weg nach Golgatha zu weit. Wo ist Simon geblieben? Kann kein anderer Mensch zupacken?

Fallen tut weh. Niemand hat sein Fallen verhindert. Niemand hat Jesus in der Not geholfen. Im Gegenteil, seine

Henker schlagen grausam auf ihn ein, reißen ihn hoch und zwingen ihn weiterzugehen.

1. Kind: Jesus war immer gegen Haß, Gewalt, Unrecht und Mord. Jetzt liegt er entkräftet am Boden und leidet all das für uns.

Will Jesus uns sagen, daß auch wir fallen auf unserem Kreuzweg? Wird uns die Luft ausgehen, wenn wir stürzen, am Boden zerstört sind, unsere Kraft versagt? Wenn andere uns fallen lassen, keiner uns wichtig nimmt, niemand zu uns hält, wenn wir Mißerfolg haben, enttäuscht sind und versagen, dann liegen wir auch mut- und hoffnungslos zerstört am Boden und können nicht mehr weiter. Jesus, der Gefallene, ist allen nahe, die ohne ihn nicht mehr aufstehen können. Nur im Vertrauen auf ihn können wir uns dann aufrichten und weitergehen.

2. Kind: Jesus, manchmal lassen wir andere „zu Kreuze kriechen". Wir lassen sie fallen, ja, stellen manchen sogar eine Falle oder ein Bein. Manchmal legen wir anderen Steine in den Weg, damit sie stolpern und fallen. Du leidest, wenn wir andere fallen lassen, sie aufgeben, nichts mehr von ihnen wissen wollen. Das tut uns leid.

Alle: Jesus, du weißt, wie leicht wir in alte Fehler zurückfallen. Wir machen immer wieder dieselben Fehler, obwohl wir es nicht wollen. Weil du aufstehst, spornst du uns an, neu zu beginnen und weiterzugehen.

Jesus, schenke allen, die am Boden liegen, Kraft und Liebe, aufzustehen und den Weg mit dir weiterzugehen. Hilf uns, aufmerksam zu werden für das Leid anderer Menschen und nicht gleichgültig daran vorbeizugehen. Danke, daß dir jeder Mensch wichtig ist. Amen.

Lied

Weil wir von Hilfe leben (T: E. Bücken, M: P. Janssens, P. Janssens-Musikverlag, Telgte)

oder GL 165: Sag ja zu mir, wenn alles nein sagt

oder Geh mit uns auf unserm Weg (T: N. Weidinger, M: L. Edelkötter, Impulse-Verlag, Drensteinfurt)

VIII.

Jesus begegnet den weinenden Frauen

Leiter/in: Außer Maria und Veronika sind noch andere Frauen mit Jesus gegangen. Sie weinen. Jesus tut ihnen leid. Jesus sieht die weinenden Frauen. Er spürt, daß er nicht allein und verlassen ist. Er sagt ihnen: „Weint nicht über mich, sondern über euch und eure Kinder!" Damit will Jesus ihnen sagen: So wie mir wird es euch und euren Kindern ergehen, wenn ihr nichts tut gegen Ungerechtigkeit und Gewalt, wenn ihr euch nicht mit mir einsetzt für mehr Liebe unter den Menschen.

1. Kind: Wieviele Tränen, die Kinder weinen, werden nicht getrocknet, nicht beachtet. Wievielen Kindern bleibt die Klage im Hals stecken, weil niemand zuhört, niemand tröstet.
Jesus, zu dir darf jeder kommen, der weint. Hilf uns, daß wir nicht wie die Frauen dein Leid beklagen, den Hunger und das Sterben unzähliger Kinder in den Elendsvierteln, die Ungerechtigkeit in der Welt, die Ausbeutung der Armen, … Laß uns erkennen, wo wir selbst Leid verschulden, und gib uns den Mut, daß wir uns mit dir einsetzen für ein gutes Leben der Menschen.

2. Kind: Jesus, dein Leiden und Sterben ist der Anfang einer neuen Welt. Laß uns das Leid der anderen sehen, mit ihnen leiden, weinen und etwas tun, was aufrichtet und weiterhilft. Laß uns auf der Seite der Leidenden stehen und uns mit ihnen einsetzen für eine bessere Welt, für dein Reich.

Alle: Jesus, laß uns aber auch die Wunden unserer guten Mutter Erde sehen und ihr Weinen und Klagen vernehmen. Sie möchte so gerne ein Garten sein und allen Menschen Leben und Lebensraum schenken. Rücksichtslos aber beuten viele Menschen diese Erde aus und zerstören sie. Gib uns Mut, daß wir uns für sie einsetzen, damit auch Menschen nach uns eine Lebensmöglichkeit haben. Denn du, Jesus, hast dich mit deinem Leben und Leiden eingesetzt, daß alle Menschen Leben in Fülle haben. Amen.

Lied

Paß auf, kleines Auge (Misereor Fastenkalender 1990)

oder Suchen und fragen (T: M. Scouarnec, M: Jo Akepsimas, S: Heinz Martin Lonquich)

oder Klagelied der Erde und des Wassers (aus: „Solange die Erde lebt", Menschenkinder Musikverlag, Münster)

Bibelstellen: Lk 23,27–31

IX.

Jesus fällt zum dritten Mal

Leiter/in: Zum dritten Mal stürzt Jesus unter der Last des Kreuzes. Er ist am Ende seiner Kraft. Erschöpft liegt er am Boden und kann nicht mehr.

Warum muß Jesus so schrecklich leiden, so schmerzhaft fallen, den Tod in Raten sterben? Jesus gibt uns keine Antwort. Er läßt uns nur sein Leiden sehen, sein

Leiden aus Liebe zu uns. Die Soldaten zwingen Jesus, daß er sich wieder aufrafft und das Kreuz weiterschleppt.

1. Kind: Was Jesus zu Boden fallen läßt, das sind die Menschen, die seine Liebe ablehnen, die das Reich Gottes verhindern wollen, das Jesus auf diese Erde bringen will, das Reich der Wahrheit und der Liebe, ein Reich, in dem es Gerechtigkeit und Frieden gibt. Menschen, die das nicht wollen, was Jesus uns geben will, lassen ihn fallen.

2. Kind: Jesus, viele Menschen versuchen immer wieder neu anzufangen, aber sie schaffen es nicht. Sie sind abhängig von Tabletten, Alkohol, Drogen, von Süßigkeiten, Zigaretten, Fernsehen oder von sogenannten Freunden, die zum Lügen, Stehlen oder ... verführen. Wie leicht geben wir diese Menschen auf und lassen sie fallen, weil wir meinen, da ist Hopfen und Malz verloren. Sei nahe allen, die zusammengebrochen sind, die am Boden zerstört sind, die keine Hilfe mehr erwarten, für die alles sinnlos geworden ist.

Alle: Niemand, der in Schuld und Sünde gefallen ist, kann sich aus eigener Kraft erheben und befreien. Nur mit dir, Jesus, können wir uns wieder aufrichten. Du weißt aber auch, wie schwer es uns fällt, zu unseren Fehlern, zu unserer Schuld zu stehen. Wir verbergen und vertuschen unser Fallen gern.
Jesus, vielleicht fällst du zum dritten Mal, damit wir den Mut aufbringen, unsere Schwäche, unsere Kraftlosigkeit, unser Fallen zuzugeben.
Schenke allen einen neuen Anfang. Laß uns in jedem Ende einen neuen Anfang finden. Amen.

Lied

GL 179,1. + 2. Str.: O Haupt voll Blut und Wunden –
oder   Selig seid ihr (T: Friedrich Karl Barth, Peter Horst, M: Peter Janssens)

X.

Jesus wird seiner Kleider beraubt

Leiter/in: Jesus ist auf dem Berg Golgatha angekommen. Die Soldaten reißen ihm gewaltsam seine Kleider vom Leib. Nackt und bloß ist Jesus den Blicken der gaffenden und schaulustigen Menschen preisgegeben. Nichts lassen sie ihm. Sie würfeln und losen aus, wer sein Gewand bekommt.
Jesus leidet, weil Menschen so rücksichtslos mit ihm umgehen. Seine Liebe zu den Menschen aber bleibt.

1. Kind: Jesus steht auf der Seite der Menschen, die bloßgestellt, mißachtet und menschenunwürdig behandelt werden, die schutzlos vor neugierigen Blicken stehen, die ausgefragt werden, denen man ihr Geheimnis raubt. Danke, Jesus, daß du uns in deine Liebe hüllst, daß du uns bekleidest, wenn wir nackt sind, daß du uns bedeckst, wenn wir entblößt werden oder arm und bloß vor dir stehen.

2. Kind: Jesus, du weißt, wie sehr es uns verletzt, wenn Menschen eindringen in das, was wir hüten wollen, wenn sie weitererzählen, was wir ihnen anvertraut haben. Wir leiden darunter, wenn andere uns bloßstellen. Wir schämen uns, wenn andere unsere Fehler und wunden Stellen aufdecken.

Alle: Jesus, bedecke uns, wenn wir nackt sind, und vergib, wenn wir dich in anderen entblößt oder bloßgestellt haben. Mache uns bereit, Nackte zu bekleiden, wo immer es möglich ist. Amen.

Lied
GL 621: Ich steh vor dir mit leeren Händen, Herr
oder GL 619: Was ihr dem geringsten Menschen tut,
oder Einer hat uns angesteckt (T. E. Bücken, M: O. G. Blarr, tvd-Verlag, Düsseldorf)
oder Wenn das Brot, das wir teilen (T: C. P. März, M: Kurt Grahl)

Bibelstellen: Mt 27,35; Mk 15,24b; Lk 23,34b; Joh 19,23–24

XI.

Jesus wird ans Kreuz genagelt

Leiter/in: Sie haben Jesus aufs Kreuz gelegt. Mit langen Nägeln und wuchtigen Hammerschlägen nageln sie ihn fest. Neue Wunden werden ihm geschlagen. Hände und Füße durchbohren sie ihm. Dann richten sie das Kreuz auf. Nun hängt Jesus zwischen Himmel und Erde, die er in seiner Liebe miteinander verbinden will.

1. Kind: Seit der Kreuzigung Jesu haben sich die Kreuze vermehrt. Immer noch gibt es grausame Henker, die andere aufs Kreuz legen, foltern und töten. Schreckliche Waffen werden erfunden und hergestellt, die unzählige Menschen unschuldig vernichten. Tausende von Kindern werden jährlich umgebracht, ehe sie geboren werden. Die Erde wird ausgebeutet, die Luft verseucht, das Wasser vergiftet. Dadurch werden viele krank und aufs Kreuz gelegt. Unzählige Menschen hungern und sind arm, andere werden wegen ihres Glaubens oder wegen ihrer Hautfarbe aufs Kreuz gelegt.

Liedruf: Herr, erbarme dich

Legen wir nicht auch manchmal andere aufs Kreuz und nageln sie fest? Wie oft wollen wir stärker sein, recht behalten, andere unterdrücken.

Liedruf

2. Kind: Manchmal aber hängen wir auch selbst am Kreuz – innerlich zerrissen, von anderen verkannt und ungerecht behandelt. Wir leiden, weil andere uns festnageln auf das, was wir einmal gesagt oder getan haben.

Liedruf

Das Kreuz ist ein Zeichen der Sünde und der menschlichen Bosheit. Es ist gut, Jesus, daß in dir eine Kraft lebt, die stärker ist als die Sünde und die Bosheit der Menschen. In deiner Liebe erduldest du alles, auch daß sie dich grausam ans Kreuz nageln. Freiwillig gibst du dein Leben für uns. Dadurch verwandelst du das Kreuz in ein Zeichen des Segens, das uns Leben, Liebe und Freiheit schenkt.

Liedruf

Alle: Gib uns Kraft, damit wir uns mit dir einsetzen für das Leben der Menschen, für Liebe und Freiheit. Vergib, wenn wir nichts getan haben, um die Ursachen zu beseitigen, die weitere Kreuze und neues Leid hervorbringen.

Liedruf

Jesus, manchmal wird uns ein neues Kreuz aufgeladen, wenn wir uns mutig einsetzen für eine bessere und gerechtere Welt. Hilf, daß wir es mutig annehmen im Glauben daran, daß es Leben und Auferstehung für andere bringt. Amen.

Liedruf

Bibelstellen: Mt 27,35–44; Mk 24–32; Lk 23,33–43; Joh 19,18–27

XII.

Jesus stirbt am Kreuz

Leiter/in: Mit ausgebreiteten Armen hängt Jesus am Kreuz, der Mensch, in dem Gott auf dieser Erde erschienen ist. Jesus von Nazaret, König der Juden ist über seinem Kopf zu lesen. Jesus, der Herr der ganzen Welt, leidet am Kreuz furchtbare Schmerzen. Dennoch

46

betet er für seine Henker und für alle, die seinen Tod verschuldet haben: „Vater, vergib ihnen, denn sie wissen nicht, was sie tun!"

Dem Terroristen, der zu seiner rechten Seite gekreuzigt ist, verspricht Jesus: „Heute noch wirst du bei mir im Paradies sein." Seinem Freund Johannes vertraut er seine Mutter an: „Siehe da, deine Mutter – siehe da, dein Sohn!" Drei Stunden hängt er zwischen Himmel und Erde und leidet fürchterliche Qualen. Er läßt niemanden hängen, sondern sorgt liebend für andere bis zum letzten Atemzug. Dann haucht er seinen Geist aus und stirbt.

Gott, so sehr hast du die Welt geliebt, daß du den Tod deines Sohnes ertragen hast. Wir danken dir für deine Liebe!

1. Kind: Jesus, du bist gestorben, weil du uns bedingungslos liebst. Als guter Hirt gibst du dein Leben für uns, damit wir leben können über den Tod hinaus. Das ist wunderbar. Danke! Mit dem Hauptmann unter dem Kreuz bekennen wir unseren Glauben: Wahrhaftig, du bist Gottes Sohn!

Jesus, nur du kannst dich in Liebe so restlos an uns verschenken. Danke für deinen Tod am Kreuz! Danke für das Leben! Danke, daß deine Liebe stärker ist als der Tod, daß dein Licht die Nacht des Todes überwindet.

2. Kind: Überall da, wo Menschen in Liebe füreinander sterben, wo sie Kraft, Zeit, Fähigkeiten und Geld für anderen einsetzen, wo sie auf etwas verzichten, um anderen Leben zu schenken, da leuchtet etwas von deinem Licht und von deiner großen Liebe auf.

Alle: Jesus, in dir ist Gottes Liebe lebendig. Vergib, wenn wir uns so wenig einsetzen für ein besseres Leben der Menschen, für Frieden und Gerechtigkeit in dieser Welt. Du weißt, wie schwer es uns fällt, auf etwas zu verzichten, wie groß unsere Angst ist, wir könnten zu kurz kommen. Laß uns immer mehr verstehen, daß nur im Tod, im Verlieren und Hergeben, das Leben zu gewinnen ist. Amen.

Lied

GL 183: Wer leben will wie Gott auf dieser Erde
oder   GL 161: Gottes Lamm Herr Jesu Christ

Bibelstellen: Mt 27,45–56; Mk 15,33–41; Lk 23,44–49; Joh 19,28–30

XIII.

Jesus wird vom Kreuz abgenommen

Leiter/in: Jesus hat ausgelitten. Menschen, die ihn liebhaben, müssen von ihm Abschied nehmen. Sie holen
seinen toten Leib vom Kreuz und legen ihn in den
Schoß seiner Mutter. Liebend nimmt Maria Jesus an,
sie, die immer offen und empfänglich für ihn und für
Gottes Anspruch war. Maria, seine Mutter, hat alles
Leid mitgetragen. Sie ist bei ihm geblieben, auch wenn
sie das alles nicht verstehen konnte. Nun aber muß sie

Jesus hergeben und zu Grabe tragen. Ihr Schmerz und ihre Trauer um ihn sind groß wie das Meer.

1. Kind: Wir trauern und weinen um unsere Toten. Es tut weh, wenn wir Menschen hergeben müssen, die wir liebhaben. Wie oft nimmt uns der Tod Menschen, von denen wir meinen, daß wir sie dringend für unser Leben brauchen. Wir möchten ihr Leben festhalten, aber wir müssen es fallen lassen in den Schoß der Mutter Erde – wie ein Weizenkorn, das stirbt, um neues Leben und Frucht zu schenken.

2. Kind: Jesus, laß uns die Botschaft der Toten verstehen. Sie zeigen uns, was im Leben allein wichtig ist: die Liebe. Allein, was wir aus Liebe getan haben, das bleibt.

Alle: Heilige Maria, Mutter Gottes, bitte für alle Eltern, die um ein totes Kind trauern, bitte für alle Kranken und Sterbenden, bitte für uns Sünder, jetzt und in der Stunde unseres Todes. Amen.

Lied
GL 620: Das Weizenkorn muß sterben
oder Im Kreuz ist neues Leben (Der Regenbogen, Münsterschwarzach)
oder Du gehst auf dunklen Wegen (T. u. M: Bruno Litterst, Der Regenbogen, Münsterschwarzach)

XIV.

Jesus wird ins Grab gelegt

Leiter/in: Voll Trauer legen die Freunde und Freundinnen Jesus in ein neues Felsengrab, das dem Josef von Arimatäa gehört. Einen großen Stein wälzen sie vor das Grab, dann gehen sie still weg.

Liedruf
GL 620: Geheimnis des Glaubens im Tod ist das Leben.

1. Kind: Der Leib Jesu ruht nun im Grab, im Schoß der Mutter Erde. Es ist gut zu glauben, daß Gott ihn nicht im Tod läßt. Wie ein Weizenkorn wandelt er sich, um neu und lebendig hervorzubrechen aus der Erde. Er wird auferstehen zum neuen Leben und alle Gräber sprengen. Das ist unsere Hoffnung, das ist unser Glaube.

Liedruf

2. Kind: Jesus, du wirst auch uns aus unseren Gräbern herausholen, aus den Gräbern der Angst und Mutlosigkeit, der Feindschaft und Enttäuschung, der Schuld und Sünde. Du wirst uns auferwecken zu einem neuen Leben in Liebe, Frieden, Gerechtigkeit und Freundschaft. Durch dich wissen wir: das Grab ist nicht das Ende. Am Grab beginnt ein neues Leben für uns und für alle, deren Leib wir beerdigt haben. Darum schmücken wir die Gräber unserer Toten als „Geburtsorte" ihres neuen Lebens. Wir glauben, daß der Leib zurückkehrt zu Mutter Erde, Gott ihm aber neues Leben schenkt. Jesus, wir danken dir, daß unsere Toten nicht für immer von uns gegangen sind. Sie sind ganz bei dir, aber auch nahe bei allen, die sie liebhaben.

Liedruf

Alle: Jesus, öffne allen Toten die Tür zum Leben. Schenke uns und allen, die für uns gestorben waren, die wir aufgegeben und abgeschrieben haben, neues Leben. Laß uns alle mit dir auferstehen und ewig leben. Amen.

Bibelstellen: Mt 27,57–66; Mk 15,42–47; Lk 23,50–56; Joh 19,38–42

XV.

Jesus lebt

Leiter/in: Das erste Wort Jesu ist nicht Kreuz und das letzte ist nicht Tod. Sein erstes Wort ist Freude und das letzte ist Leben. Jesus hat gesiegt über die alten Todfeinde des Menschen, über Sünde und Tod. Er ist auferstanden und befreit zum Leben.

Am dritten Tag gehen Frauen zum Grab. Sie wollen den toten Leib Jesu salben. Sie sagen zueinander: Wer wird uns den Stein vom Grab wegwälzen? Er ist zu groß und zu schwer für uns. Die Frauen erschrecken, als sie zum Grab kommen. Es ist offen. Der Stein ist weggewälzt. Sie erfahren die Botschaft von Gott: Jesus lebt. Er ist auferstanden. Er ist nicht mehr hier. Geht und verkündet seinen Freunden und Freundinnen diese Frohe Botschaft.

1. Kind: Auferstehen heißt: Hoffnung haben, das Leben neu beginnen. Jesus schenkt uns Licht in der Dunkelheit, neues Leben mitten im Tod. Das glauben wir.
Jesus, deine Auferstehung schenkt uns Hoffnung, daß du uns einen neuen Anfang schenkst, wenn wir am Ende sind, daß du uns einen neuen Weg zeigst, wenn wir nicht weiterwissen, daß du Mauern und Gräber sprengst, wenn uns die Luft ausgeht, daß du uns Leben schenkst über den Tod hinaus.

2. Kind: Danke, Jesus, daß du den Tod, jeden Tod überwunden hast, daß wir mit dir auferstehen dürfen zum neuen Leben.

Alle: Deine Auferstehung zeigt, daß wir alle erlöst und Laß uns als neue, als österliche Menschen leben, als Menschen der Freude, der Hoffnung und der Auferstehung.
Laß uns durch Wort und Leben verkünden, daß du lebst und immer bei uns bist.
Amen.

Lied

Manchmal feiern wir mitten am Tag ein Fest der Auferstehung (aus: „Ihr seid meine Lieder" P. Janssens, P. Janssens-Musikverlag, Telgte)

oder Wir preisen deinen Tod (Liturgie aus Frankreich, in: H. Laarmann, „Mit Zeichen und Symbolen", S. 37)

Bibelstellen: Mt 28, 1–10; Mk 16, 1–8; Lk 24, 1–12; Joh 20, 1–10

Schlußgebet

Alle: Jesus, wir sind mit dir den Kreuzweg gegangen. Du hast uns spüren lassen, daß wir in Leid und Not mit unserem Kreuz nicht allein sind. Du bist uns immer nah mit deiner Liebe und trägst unsere Last und Sorge mit. Danke, daß du nicht nur zu finden bist in den guten Stunden unseres Lebens, sondern auch im Leiden und sogar im Tod. Jesus, führe uns aus der Dunkelheit ins Licht, durch Leid und Tod in deine Herrlichkeit, in das unvergängliche Leben mit dir. Laß uns jetzt schon verwandelt werden und auferstehen aus der Lüge, aus dem Streit, aus dem Unrecht, aus dem Unfrieden, aus jedem Tod. Gib, daß dein neues Leben an uns sichtbar wird. Laß deine Liebe und dein Leben sich über uns alle ausbreiten wie der Frühling. Amen.

Mit dem Kreuz
auf dem Weg

Einleitung

Vorzubereiten: ein einfaches Holzkreuz, das von Kindern getragen werden kann

Lied
GL 270,1., 3.–5. Str.: Kommt herbei

Begrüßung und Einführung

Viele von Euch tragen ein Kreuz als Schmuck um den Hals. Kreuze hängen an den Wänden unserer Wohnungen, in Schulen, im Pfarrzentrum, in Kirchen. Kreuze stehen auf Berggipfeln und Friedhöfen. Wir selbst sind in Form eines Kreuzes geschaffen (wenn wir stehen und die Arme ausbreiten).
Heute sind wir zusammengekommen, um miteinander das Kreuz, den Kreuzweg Jesu zu bedenken. Wir tun es im Zeichen des Kreuzes: Im Namen des Vaters ...

Mit dem Kreuz wollen wir einen Weg gehen, Wegen nachspüren, auf denen wir Jesus begegnen, der das schwere Kreuz für uns getragen hat und es immer noch trägt. In Menschen, die leiden und schwer an ihrem Kreuz tragen, leidet Jesus heute weiter.

Wenn wir das Kreuz mitnehmen und es durch die Straßen tragen, dann bekennen wir uns damit zu Jesus, dem Gekreuzigten. Wir machen damit auch deutlich, daß wir alle ein Kreuz zu tragen haben und manchmal anderen ein Kreuz aufladen.

Gebet

Jesus, wir wollen dich begleiten auf deinem Leidensweg und dein Leid damals und heute bedenken. Be-
gleite du uns und laß uns die Botschaft vom Kreuz
besser verstehen und erfahren, wie sehr du uns liebst.
Amen.

1. Station
Jesus wird verraten und verkauft

Vorzubereiten: Sisalschnur (etwa 60 cm) für alle Teilnehmer

Lied
GL 165,1.–3. Str.: Sag ja zu mir, wenn alles nein sagt

Jesus wird von Judas, seinem Freund, verraten und ver-kauft. Mit einem Kuß hat Judas Jesus verraten und an die Mächtigen ausgeliefert.

Kennen wir das auch: verraten und verkauft werden? – andere verraten und verkaufen?

Kinder nennen Beispiele, wo sie Geschwister oder gute Freunde ver-raten haben oder von diesen verraten wurden.

Manchmal legen gute Freunde uns herein, enttäuschen uns, weil sie sich auf die Seite derer schlagen, die gegen uns sind. Verräter freuen sich oft, daß es ihnen gelun-gen ist, den anderen hereinzulegen. Verraten werden, das tut weh.
Jesus nennt Judas weiterhin einen Freund. Er sagt: „Freund, mit einem Kuß verrätst du mich?"

Gebet
Jesus, du sagst Ja zu allen Menschen. Du liebst alle. Von einem Freund wirst du verraten. Wie oft wirst du heute noch verraten. Wir haben auch nicht immer Mut,

uns zu dir zu bekennen. Das tut uns leid. Hilf, daß wir uns in Liebe und Treue immer zu dir bekennen. Amen.

Jesus wird gefesselt

Jesus wird von denen, die mit Judas kamen, gefangengenommen, gefesselt und abgeführt.

Kennen wir das auch: gefesselt sein an Fernsehen, Fußball, Mode? Wir lassen uns gefangennehmen von unseren Sorgen und Problemen. Wir sind gebunden an das, was alle tun, alle sagen oder tragen. Wir müssen das haben, was alle haben, womit alle spielen. Manchmal sind wir gefesselt durch Angst, Hemmungen, Ehrgeiz oder Leistung. Wir alle tragen unsichtbar unsere Fesseln.

Wir wollen jetzt einander Fesseln anlegen und überlegen, womit wir anderen die Freiheit nehmen.

Fesseln anlegen

Als Gefesselte wollen wir schweigend ein Stück unseren Weg gehen und an Jesus, den Gefesselten, denken. Wir wollen überlegen, was uns fesselt und gefangennimmt.

Gebet

Jesus, du hast uns die Freiheit geschenkt und willst uns immer wieder befreien von allem, was uns fesselt und gefangenhält. Befreie uns von allen Ängsten und Zwängen, von Vorurteilen und von allem, was uns gefangenhält. Jesus, laß uns in Liebe mit dir verbunden sein, dann sind wir frei. Amen.

2. Station
Jesus wird zum Tod verurteilt

Vorzubereiten: alte Schüssel mit Wasser, Handtuch, Schild: Willst
Du auch Deine Hände in Unschuld waschen?

Lied
GL 622, 1.–3. Str.: Hilf, Herr meines Lebens

Gefesselt steht Jesus vor Pontius Pilatus, dem römischen Landpfleger, der ihn zum Tod verurteilen soll.
Die Führer des jüdischen Volkes haben ihn angeklagt
wegen Gotteslästerung und Aufhetzung des Volkes.
Alle ringsum schreien: „Ans Kreuz mit ihm!"
Pilatus erkennt: Jesus ist unschuldig. Trotzdem verurteilt er ihn zum Tod. Pilatus ist feige, er läßt sich erpres-
sen aus Angst vor der schreienden Volksmenge. Er
wäscht seine Hände. Damit will er sagen: Ich bin unschuldig, ich habe mit dem Unrecht, welches jetzt an
Jesus geschieht, nichts zu tun.

Kennen wir das auch: verurteilt werden – oder andere
ungerecht verurteilen?

Kinder nennen Beispiele: Schuld auf kleinere Geschwister schieben,
auf Klassenkameraden, auf Lehrer, …

Wir verurteilen Menschen, weil sie anders sind, anders
sprechen, anders aussehen, weil sie nach unserer
Meinung zu klein, zu dick, zu langsam, zu arm sind.

Wir verurteilen Kinder, die schlechte Noten haben und ...

Wir alle laden gern unsere Schuld auf einen Sündenbock ab und waschen unsere Hände in Unschuld. Wer zum Sündenbock der anderen geworden ist, steht allein da, kann sich nicht wehren, sich nicht verständlich machen. Er wird von denen verurteilt, die Macht über ihn haben. Das tut weh.

Kennen wir das auch: Nicht verstanden werden? Wir meinen es gut, und andere legen es böse aus. Wir können uns nicht verständlich machen mit unseren guten Absichten. Die anderen hören gar nicht hin, begreifen nichts, sondern verurteilen nur. Das war damals so, das ist heute so. Jesus wird immer dann verurteilt, wenn wir einander verurteilen. Alles, was wir anderen antun, tun wir Jesus an.

Gebet
Jesus, du wirst verurteilt, weil du anders von Gott redest als die Frommen deiner Zeit, weil du anders mit den Menschen umgehst, als sie es für richtig halten. Du heilst Kranke, weckst Tote auf, machst Sünder und Zöllner zu deinen Freunden und vergibst ihnen ihre Schuld. Du wirst von denen verurteilt, die meinen, sie wüßten alles besser. Jesus, erbarme dich aller, die Unrecht leiden, und gib uns den Mut, daß wir uns für alle einsetzen, die ungerecht verurteilt werden.
Amen.

Aktion
Alle gehen jetzt still an der Schüssel vorbei und schauen sich das Schild an. Wir können dann wie Pilatus unsere Hände in Unschuld waschen, wie wir es viel-

leicht schon oft getan haben. Pilatus war auch innerlich gefesselt, er war kein freier Mensch, als er das ungerechte Todesurteil aussprach und sich die Hände in Unschuld wusch. Vielleicht fallen uns Situationen aus unserem Leben dazu ein.

3. Station

Simon von Zyrene
hilft Jesus das Kreuz tragen

Lied

Den Weg wollen wir gehen (T: H. J. Netz, M: Choral Brother Ogo, Werkmappe Misereor 1975)

oder GL 619: Was ihr dem geringsten Menschen tut

Geteiltes Leid ist halbes Leid. Jesus kann das Kreuz allein nicht mehr tragen. Die Soldaten fürchten, daß Jesus den Weg bis zur Hinrichtungsstätte allein nicht schafft. Deshalb zwingen sie Simon von Zyrene, Jesus das Kreuz tragen zu helfen.
Vielleicht kennen wir das auch: Wenn wir am Ende sind und nicht mehr weiterkönnen, dann kommt Hilfe von Menschen, von denen wir es nicht erwartet haben.
Menschen, die leiden, die ein schweres Kreuz zu tragen haben und Hilfe brauchen, kennen wir alle.

Kinder nennen Beispiele: Kranke, Behinderte, Flüchtlinge, Nichtseß-
hafte, Einsame ...

Wir alle kennen auch Menschen, die anderen ein Kreuz tragen helfen.

Kinder nennen Beispiele: in der Hausaufgabenhilfe, am Sorgentele-
fon, Familien, die ein Kind aufnehmen, wenn die Eltern krank oder im Gefängnis sind ...

Wenn Hilfe von uns gefordert wird wie von Simon, dann haben wir viele Ausreden: Ich habe keine Zeit, vielleicht will der andere meine Hilfe gar nicht, wer weiß, welche Folgen es hat, wenn ich mich einmische ...

Damit wir helfen können, brauchen wir unsere Hände. Wir lösen uns gegenseitig die Fesseln. Wir wollen ganz frei sein für die Liebe, uns frei machen lassen, von allem, was uns hindert, anderen zu helfen.

Fesseln lösen – Wir erzählen, was wir empfunden haben mit unseren Fesseln: Unfreiheit, komisch angeschaut werden von den Vorübergehenden, Unsicherheit im Gehen ...

Wer frei sein will, muß sich helfen lassen. Es ist nicht immer leicht zuzugeben, daß ich Hilfe brauche. Manchmal möchten wir gar nicht auf die Hilfe anderer angewiesen sein. Jesus nimmt die Hilfe des Simon – er nimmt unsere Hilfe an. Er hat keine anderen Hände als unsere Hände, um Menschen heute zu helfen.

Formuliert Fürbitten für alle, die ein schweres Kreuz zu tragen haben, und für alle, die ihnen helfen.

oder

Gebet

Jesus, Simon von Zyrene wurde gezwungen, dir das Kreuz tragen zu helfen. Du hast seine Hilfe angenommen. Öffne unsere Augen, damit wir sehen, wo jemand unsere Hilfe braucht, und gib uns Kraft, gerne zu helfen. Hilf du allen, die ein schweres Kreuz zu tragen haben, und mache uns bereit, ihre Last mitzutragen. Laß uns helfen und dadurch deutlich machen, daß du jedes Kreuz mitträgst. Amen.

4. Station

Jesus fällt unter dem Kreuz

(oder: Jesus wird seiner Kleider beraubt)

Vorzubereiten: Holzwürfel, auf denen „Tod" und „Leben" steht

Lied
GL 299: Manchmal kennen wir Gottes Willen

Wenn Menschen zum Tod verurteilt sind, dann sind die Würfel gefallen, die Würfel zum Tod. Jesus muß sein Kreuz selbst zur Hinrichtungsstätte tragen. Das Kreuz ist schwer. Jesus geht mühsam seinen Weg. Die Last des Kreuzes drückt und wird mit jedem Schritt schwerer. Die Angst vor dem, was kommen wird, nimmt ihm die Luft zum Atmen. Er fällt und kann sich nicht mehr erheben. Gewaltsam wird er hochgerissen, damit er weitergehen kann.

Kennen wir das auch: stolpern, eine Bauchlandung machen, auf die Nase fliegen, mit der Nase im Dreck liegen?
Kennen wir das auch: am Ende sein, keine Kraft mehr haben, aufgeben wollen? Kennen wir das auch: auf andere hereinfallen? – oder andere hereinlegen, anderen eine Falle stellen oder ein Bein, anderen Stolpersteine in den Weg legen?
In der Spielhalle fallen Menschen leicht in das, was unfrei macht. Sie fallen in eine Spielsucht, die fesselt und gefangennimmt, die auszieht bis auf die Haut. Manche

Väter haben darin schon viel Geld verspielt, so daß Frau und Kinder hungern mußten oder die Miete nicht bezahlen konnten. Wie oft schämen Menschen sich, wenn sie mit leeren Händen dastehen und auf die Hilfe anderer angewiesen sind.

Soldaten, die Jesus zur Kreuzigung führen, die ihn verspottet und gequält haben, würfeln um das Gewand Jesu. Sie wollen haben, was Jesus bekleidet hat. Wenn wir um das würfeln, was anderen gehört, dann fallen die Würfel zum Tod. Wenn wir andere verurteilen, verspotten oder fallen lassen, dann fallen die Würfel zum Tod. Wenn wir andere ausnutzen, entblößen, ausziehen bis auf die Haut, dann fallen die Würfel zum Tod.

Wenn wir unsere Erde ausbeuten, mit Licht und Wasser nicht sparsam umgehen, Sachen kaufen, die wir nicht brauchen, dann nehmen wir anderen die Möglichkeit, auf dieser Erde zu leben, dann fallen die Würfel zum Tod.

Wie sind die Würfel bei uns gefallen? Zum Tod – oder zum Leben?

Holzwürfel verteilen – Stille – Kinder und Erwachsene tauschen sich kurz aus.

Gebet

Jesus, dein Weg ist mühsam. Wie oft haben wir schon am Boden gelegen oder andere am Boden liegen sehen. Wir wissen, wie schmerzhaft es ist zu fallen. Du bist gefallen und fällst mit allen, die fallen. So machst du ihnen Mut, wieder aufzustehen, auch dann, wenn es schwer ist. Hilf, daß unsere Würfel zum Leben fallen und wir uns mit dir einsetzen für das Leben der Welt. Amen.

5. Station

Jesus wird aufs Kreuz gelegt

Vorzubereiten: Schablone des Gekreuzigten aus Pappe, Nägel und Hammer, um diese zu befestigen

Lied

GL 170, 1.–4. Str.: Lehre uns, Herr, deinen Willen zu tun

oder   GL 168, 1. + 4. Str.: O Herr, nimm unsere Schuld

Sie haben Jesus aufs Kreuz gelegt, um ihn daran festzunageln. Mit kräftigen Hammerschlägen treiben sie brutal lange Nägel durch seine Hände und Füße.

Kennen wir das auch: andere aufs Kreuz legen? – aufs Kreuz gelegt werden?

Schablone aufs Kreuz legen und festnageln

Um unsere Kraft und Stärke zu beweisen, legen wir auch manchmal andere aufs Kreuz und nageln sie daran fest, so daß sie keinen Ausweg mehr wissen. Wir nageln sie fest auf ihre Vergangenheit, auf ihre Schuld. Da werden andere fix und fertig gemacht und aufs Kreuz gelegt, festgenagelt auf das, was sie gesagt oder getan haben.

Kinder nennen Beispiele: Du lügst immer, du fängst immer an ...

Manchmal sind wir im Straßenverkehr nicht vorsichtig. Durch Unfälle im Straßenverkehr werden viele aufs Kreuz gelegt und sind lange ans Bett gefesselt. Im Krankenhaus gibt es viele Menschen, die von anderen aufs Kreuz gelegt wurden durch Schlägerei, Unfall, durch Luft- und Umweltverschmutzung oder durch ungesunde Chemikalien, die ins Essen oder Trinken gemischt wurden.

Sprecht Bitten für alle Menschen, die aufs Kreuz gelegt wurden, und für alle, die andere aufs Kreuz gelegt und festgenagelt haben.

oder

Gebet
Jesus, die Mächtigen haben dich aufs Kreuz gelegt. Deine Hände, die geholfen, geheilt und aufgerichtet haben, werden ans Kreuz genagelt. Deine Füße, die dich zu den Menschen getragen haben, die auf deine Hilfe und Nähe warteten, die werden mit Nägeln durchbohrt und grausam angenagelt. So siegen die Herrschenden über den Ohnmächtigen, die Gewalttätigen über dich, den Liebenden. Danke, daß du uns nicht festnagelst auf unsere Schuld, sondern uns vergibst. Laß uns in allen, die aufs Kreuz gelegt werden, dich erkennen. Amen.

6. Station

Jesus stirbt am Kreuz

Vorzubereiten: Pappschild mit Inschrift: INRI, Nagel, um es zu befestigen

Lied
GL 161,1. + 2. Str.: Gottes Lamm, Herr Jesu Christ

Jesus hängt am Kreuz. Er ist erledigt. Die Henker haben ihre Arbeit getan. Nein, die Ursache des Todes müssen sie noch anbringen. „Jesus von Nazaret, König der Juden" schreiben sie auf ein Schild und bringen es an.

Pappschild mit Inschrift festnageln

Dann lassen sie Jesus hängen zwischen Erde und Himmel, bis er verblutet und erstickt. Bevor Jesus stirbt, betet er für die, die ihn gequält haben: „Vater, vergib ihnen, denn sie wissen nicht, was sie tun" und etwas später: „Vater, in deine Hände lege ich meinen Geist". Dann stirbt Jesus für uns.

Stille

Täglich begegnen wir dem Sterben und dem Tod im Fernsehen: bei Katastrophen und Unfällen durch Autos, Züge, Flugzeuge. Menschen sterben in Kriegsgebieten und in anderen Ländern durch Waffen oder Hunger. Wir verstehen nicht, warum so viele Kinder und Erwachsene sterben müssen, auch solche, die wir gut kannten, die wir liebhatten. Alle Menschen wollen doch leben.

Kennen wir das auch: anderen den Tod wünschen? „Den könnte ich umbringen, der ist für mich erledigt, der ist für mich gestorben, den kannst du vergessen, den lassen wir hängen, der existiert für mich nicht mehr ..."
Durch Wut, Neid, Ungerechtigkeit und Gleichgültigkeit, durch Stolz und Macht-haben-wollen tragen viele bei zum Tod anderer Menschen. Hunger, Einsamkeit, Heimatlosigkeit sind Kreuze, auf die viele Menschen festgenagelt werden. Viele Menschen helfen nicht, obwohl sie es könnten. Sie beuten andere aus, nutzen sie aus, schieben Fremde weg, produzieren Waffen, teilen nicht. Damit tragen sie bei zum Tod anderer Menschen. Viele Menschen tragen bei zum Tod unserer guten Mutter Erde und damit zum Tod der Menschen.

Gebet
Jesus, dein Tod ist nicht das Ende. Deine Liebe und dein Leben hast du verströmt an uns. Die Soldaten, die erstaunt waren über deinen schnellen Tod, stoßen zur Sicherheit eine Lanze in dein Herz. Dein Herz ist seitdem für alle Menschen offen. Du hast ein Herz für uns und wirst uns nicht im Tod lassen. Mit dir dürfen wir auferstehen zum neuen Leben. Das ist unsere Hoffnung. Amen.

7. Station

Jesus wird ins Grab gelegt

Vorzubereiten: einige grüne Zweige, um damit das Kreuz zu schmücken

Lied

GL 183: Wer leben will wie Gott auf dieser Erde

Jesus hat ausgelitten. Die Nacht des Todes und der Trauer hat begonnen. Maria hält ihr totes Kind in den Armen, wie viele Mütter es heute tun. Mütter leiden sehr, wenn durch Unfall, Krankheit, Hunger oder Mord ihr Kind sterben muß. Wie ein Weizenkorn werden unsere Toten in den Schoß der Mutter Erde gelegt, in der Hoffnung, daß sie zu neuem Leben auferstehen.
Wir hoffen, daß nach aller Dunkelheit neues Licht aufbricht, daß nach jeder Nacht ein neuer Tag kommt, daß jedes Ende zu einem neuen Anfang wird. Wir hoffen, daß der Tod nicht das letzte Wort hat, sondern das Leben. Durch Jesu Tod wurde uns allen neues Leben geschenkt.

Aktion

Wir schmücken das Kreuz mit zartem Grün, das aus dürren Zweigen neu aufgebrochen ist. Wir wollen unsere Hoffnung ausdrücken, daß aus jedem Tod neues Leben kommt.

74

Kreuz schmücken – es in die Kirche tragen.

Schlußlied
GL 620: Das Weizenkorn muß sterben

Es ist sinnvoll, wenn das Kreuz bis zum Karfreitag in der Kirche stehen bleibt und bei der Kreuzverehrung am Karfreitag mit frischen
Blumen geschmückt wird.

Eine Krone aus Stacheldraht

Einleitung

Vorzubereiten: ein einfaches Holzkreuz und eine große Krone aus Stacheldraht

Lied

GL 617: Nahe wollt der Herr sein
oder Wie viele Straßen auf dieser Welt (T: B. Dylan /
H. Bradtke, Neue Welt Musikverlag, München – Möglich, Refrain
zu ändern: „Warum, unser Gott, sind wir von dir so weit? Doch du
bist uns nahe auch im Leid." P. Heinrich Stummer)

Begrüßung

Herzlich begrüßen wir alle, die gekommen sind. Miteinander wollen wir das Leiden und Sterben Jesu bedenken, sein Leiden damals und heute. In allen
Leidenden leidet Jesus heute weiter. Er leidet in uns
und manchmal auch an uns und durch uns. Er leidet in
dieser Welt und an ihr.
Wir sehen hier eine große Dornenkrone aus Stacheldraht. Stacheldraht ist hart, spitz, scharf. Er trennt Menschen voneinander, er verletzt, reißt Wunden und tötet.
Manchmal sind wir wie dieser Stacheldraht: hart, spitz,
verletzend. Wir grenzen ab, fügen anderen Wunden zu.
Alles Leid, das wir einander zufügen, nehmen wir mit
auf den Kreuzweg, den wir jetzt gehen.

Gebet

Jesus, wir wollen dich auf deinem Leidensweg begleiten. Kreuz und Stacheldrahtkrone nehmen wir mit als
Zeichen für dein Leiden damals und heute. Laß alle, die
unter Kreuz und Stacheldraht leiden, durch unser Beten

79

deine Nähe und Gemeinschaft mit uns erfahren. Du willst alle Wunden heilen und zum neuen Leben erwekken, was in uns krank und tot ist. Danke, daß du uns durch deinen Kreuzestod Leben für immer geschenkt hast. Amen.

1. Station – Leiden

Vorzubereiten: ein Stückchen Stacheldraht – oder lange Nägel für alle

Lied
GL 168, 1 + 4. Str.: O Herr, nimm unsere Schuld

Stacheldraht – Nägel verteilen

Woran erinnern uns die Stacheln?
Manchmal verletzen wir andere mit Spott und bissigen Bemerkungen. Mit spitzer Zunge reden wir über andere und verurteilen sie hart. Manchmal setzen wir uns mit Gewalt durch und freuen uns auf Kosten anderer. Manchmal sind wir unnahbar, voller Spitzen und Stacheln. Wir verletzen andere, reißen Wunden auf, die schmerzen und anderen viel Leid zufügen.
Es kommt aber auch vor, daß eine Spitze gegen uns gerichtet ist, andere uns mit ihren Stacheln verletzen.

Stille

Kindern die Möglichkeit geben, zu sagen, was ihnen beim stillen Nachdenken eingefallen ist.

Lied
GL 160, 1. Str.: Bekehre uns, vergib die Sünde

Jesus, nachdem sie dich festgenommen und abgeführt haben, quälen sie dich. Sie geißeln dich und reißen so furchtbare Wunden in deinen Körper. Dann setzen sie dir eine Dornenkrone auf den Kopf. Die langen Spitzen drücken sie dir in den Kopf. Sie reißen Wunden in Stirn und Kopf. Dann schlagen sie mit einem Stock auf deinen Kopf. Sie spucken und schlagen dir ins Gesicht und verspotten dich. Du schimpfst und drohst nicht. Still erleidest du alle Schmerzen und den furchtbaren Spott.

Gefesselt, blutend, leidend, ganz entstellt führen sie dich zu Pilatus, der dich aus Feigheit zum Tod am Kreuz verurteilt.

Jesus, bis heute werden unzählige Menschen gefoltert, verspottet, getötet. Oft treiben die Mächtigen ein grausames Spiel mit den Schwächeren. Beispiele dafür erreichen uns fast täglich durch Zeitungen und Nachrichten aus aller Welt.

Menschen, die an dich glauben und sich für Gerechtigkeit, Frieden und Wahrheit einsetzen, müssen mit dir viel Spott und Leid ertragen.

Jesus, auch unter uns Kindern gibt es viel Leid und Spott. Solche, die schwächer sind, werden an den Rand gedrängt und verspottet. Sei uns nahe, wenn wir leiden und verspottet werden. Vergib, wenn wir anderen Leid und Schmerz zugefügt haben. Alles, was wir anderen antun, Jesus, das haben wir dir getan.

Als Zeichen dafür, daß wir anderen Leid zugefügt haben, stecken wir unser Stück Stacheldraht (Nagel) in die Dornenkrone.

Krone mit Stacheln bestecken

Lied

GL 180, 2. Str.: Du wirst gegeißelt

Gebet

Jesus, verachtet bist du von den Menschen, ein Mann voller Schmerzen. Die Menschen haben nicht erkannt, wer du bist. Sie schätzen dich nicht, sie quälen und verspotten dich. Unseretwegen nimmst du das Leid an. Du leidest aus Liebe zu uns. Vergib, wenn wir an dir und aneinander schuldig geworden sind. Amen.

2. Station – Kreuz tragen

Vorzubereiten: kleine dunkle Kreuze, Stifte und Tesafilm

Lied
GL 179, 1.–3. Str.: O Haupt voll Blut und Wunden

Jesus, nachdem sie es erreicht haben, daß Pilatus dich zum Tod verurteilt hat, bringen die Soldaten ein schweres Kreuz. Du nimmst das Kreuz an und trägst es aus Liebe zu uns.

Jesus, dein Kreuz heißt: ungerecht verurteilt sein, furchtbar gequält werden, mißhandelt werden, den Haß und die Gewalt der Feinde aushalten, die Schuld und Sünde der Menschen tragen. Du hast dein Kreuz angenommen und es mit Liebe für uns getragen.

Wir überlegen still, welche Namen unser Kreuz hat, worunter wir leiden, woran wir schwer tragen … Wir schreiben das, was uns schwerfällt, bedrückt, belastet auf unsere kleinen Kreuze und heften sie an das Kreuz Jesu. Jesus trägt alle unsere Kreuze mit.

Stille – Aktion

Lied
GL 179, 4. Str.

Zu den Kreuzen der Kinder freie Fürbitten sprechen

84

Gebet

Jesus, mit all unseren Kreuzen dürfen wir zu dir kommen. Du trägst unsere Krankheiten und Schmerzen, unsere Schuld und Sünde. Danke, daß du das Kreuz für uns getragen hast. In jedem Kreuz, das wir zu tragen haben, begegnest du uns, schenkst du uns deine Nähe und Liebe. Führe uns durch Kreuz und Leid zur Auferstehung und zum neuen Leben. Amen.

3. Station – Mitleiden/Mittragen

Vorzubereiten: Tränentücher für alle

Lied
GL 622: Hilf, Herr meines Lebens

Jesus, an deinem Kreuzweg stehen Menschen, die dich verspotten, die lästern, die alles besser wissen. Manche schauen neugierig oder gleichgültig zu, andere haben Mitleid mit dir.

Maria, deine Mutter, kreuzt deinen Weg. Sie leidet mit dir. Eure Augen begegnen sich, und dieser Augen-Blick zeigt, daß ihr euch versteht und das Leid gemeinsam tragt.

Simon von Zyrene, der müde und abgearbeitet vom Feld kam, wird gezwungen, dir das Kreuz tragen zu helfen. Für dich ist die Last zu schwer, das müssen auch deine Henker einsehen. Simon hilft dir auf dem Rest deines Weges die Last des Kreuzes zu tragen. Er ließ sich wenigstens dazu zwingen, dir zu helfen. Vielleicht ist er dadurch dein Freund geworden. Seine beiden Söhne Alexander und Rufus gehören zu den ersten Christen in der Urgemeinde.

Frauen gehen mit dir auf deinem Weg. Sie sind empört und weinen, weil du so leiden mußt. Du spürst, daß du nicht allein und von allen verlassen bist. Du mußt ihnen aber sagen, daß sie nicht über dich, sondern über alle, die das Böse tun oder es nicht verhindern, weinen sollen. Nicht dein Leid sollen sie beweinen, sondern diejenigen, die dein Leid hervorgerufen haben, die dich quälen und zum Tod verurteilt haben.

Dann kreuzt Veronika, eine mutige Frau, deinen Weg. Sie steht zu dir, auch wenn andere dich verspotten und verachten. In ihrer Liebe gibt sie dir, was sie hat: ihr Tuch, damit du dein von Blut und Schweiß verklebtes Gesicht trocknen kannst. Du nimmst ihren kleinen, wortlosen Dienst an und schenkst ihr, was du hast: dein von Blut und Schweiß verschmutztes Gesicht läßt du als Bild in dem Tuch zurück.

Jesus, es gehört so wenig dazu, anderen das Leid erträglicher zu machen: ein Wort, ein Arm, der sich um die Schultern legt, ein Händedruck, ein Tuch, ... Vielleicht bist du uns schon oft auf unserem Weg begegnet, und wir haben dein Gesicht nicht getrocknet von Blut, Schweiß oder Tränen. Vielleicht haben wir schon oft den Augenblick verpaßt, in dem du unser Tuch, unsere helfende Hand gebraucht hättest.

Aktion

Wir verteilen jetzt Tränentücher, damit wir auf jeden Fall ein Tuch haben, wenn Jesus uns begegnet in Menschen, die leiden.

Tücher verteilen

Überlegt still: Wer hat mir schon einmal die Tränen getrocknet, als ich litt?
Wer hat mir geholfen und mit einem Tuch meinen Schweiß abgewischt?
Wer hat mein Leid gelindert und Verständnis für mich gehabt?

Stille

Wir überlegen auch: Wann kann ich anderen ein Tuch reichen?
- ihre Tränen trocknen?
- ihren Schweiß abtupfen?
- ihre Wunden verbinden?
- ihre heiße Stirn kühlen?
Wo kann ich Leid lindern?

Stille

Kinder nennen Möglichkeiten und Beispiele

Lied

GL 165, 1.–4. Str.: Sag ja zu mir, wenn alles nein sagt – oder: Jesus wohnt in unserer Straße (Wiemer/Edelkötter, Impulse Verlag, Drensteinfurt)

Freie Fürbitten für alle, die heute leiden und auf unsere Hilfe warten

oder

Gebet

Jesus, hilf uns, das Leid der anderen Menschen zu sehen, und mache uns bereit zu helfen, auch wenn andere uns auslachen und verspotten. Laß uns dein Gesicht sehen in den Leidenden und es in unserem Herzen bewahren. Mache uns fähig, mit anderen zu leiden und ihr Leid mitzutragen. Amen.

4. Station – Berauben/Beraubt werden

Lied
GL 163, 1. Str.: Aus tiefer Not schrei ich zu dir

Jesus, als du mit deinem Kreuz auf Golgatha an-
kommst, reißen sie dir gewaltsam die Kleider vom Leib
und werfen das Los, wer dein Gewand bekommt.
Jesus, nackt und bloß stehst du vor der gaffenden und
johlenden Meute. Bloßgestellt wirst du vor den Schaulustigen, die dich verspotten. Nichts ist den Menschen
heilig, die andere verachten und sich über sie erheben.
Rücksichtslos entblößen sie dich. Nackt und ausgezo-
gen bist du ihnen wehrlos ausgeliefert.
Jesus, du stellst dich damit auf die Seite der Menschen,
die gewaltsam bloßgestellt und ihrer Würde beraubt
werden, die ausgeplündert und erniedrigt werden.
Jesus, du weißt, wie oft wir andere bloßstellen, um zu
beweisen, daß wir besser und stärker sind als sie. Du
weißt, wie oft wir anderen ein Geheimnis entreißen aus
Neugier, Wichtigtuerei oder um sie hereinzulegen. Mit
eindringlichen Blicken und neugierigen Fragen dringen
viele schamlos in andere ein, dringen sie fraglos in den
privaten Bereich der anderen ein. Wie oft ziehen wir andere aus bis auf die Haut, durch unsere schamlosen
Blicke, durch unser Geschwätz, durch Prahlerei.
Jesus, du weißt, wie schnell wir Geheimnisse von anderen weitererzählen, wie leichtfertig wir andere durch
Worte und Taten bloßstellen, um uns wichtig zu machen. Jesus, vergib, wenn wir dich in diesen Menschen

nicht sehen. Vergib, wenn wir dich in anderen entblößt und erniedrigt haben, wenn wir Schamgefühle verletzt haben oder neugierig in Bereiche eingedrungen sind, die ihnen allein gehören. Laß uns ehrfürchtig allen Menschen begegnen.

Verzeihe allen, die sich freiwillig entblößen und für Geld ihren Körper und ihre Würde verkaufen.

Danke Jesus, daß du unsere Nacktheit bekleidest und unsere Blöße bedeckst. Amen.

5. Station – Sterben

Vorzubereiten: Hammer und Nägel

Lied
GL 177: So sehr hat Gott die Welt geliebt

Jesus, du hast dein Kreuz – auch unser Kreuz – bis zur Schädelhöhe geschleppt. Nackt legen sie dich jetzt aufs Kreuz und nageln dich darauf fest: Schlag auf Schlag.

Hammerschläge – Nägel einschlagen, woran der Stacheldrahtkranz befestigt wird.

Mit dir kreuzigen sie zwei andere Terroristen, den einen rechts von dir, den anderen links. Die Leute, die dabeistehen, schauen zu. Die führenden Männer des Volkes lachen dich aus und sagen: „Anderen hat er geholfen, sich selbst kann er nicht helfen!" – Auch die Soldaten verspotten dich: „Wenn du der Sohn Gottes bist, dann steig herab vom Kreuz!" Von der sechsten bis zur neunten Stunde ist es ganz dunkel im Land. Dein Todeskampf in dieser Zeit ist grausam. Sie lassen dich hängen zwischen Erde und Himmel. Du aber verbindest beide miteinander. Du betest für deine Henker und für die Henker aller Zeiten: „Vater, vergib ihnen, denn sie wissen nicht, was sie tun!" Jesus, um die neunte Stunde schreist du gegen den Tod. Du schreist für das Leben: „Mein Gott, mein Gott, warum hast du mich verlassen?" Du schreist und stirbst.

Stille

Jesus, Millionen Menschen werden auch heute noch verraten, verspottet, gequält, aufs Kreuz gelegt und getötet. In all diesen Menschen leidest und stirbst du auch heute noch.

Der Stacheldrahtkranz erinnert an die Dornenkrone, die Jesus trug, aber auch an alle Menschen, die heute leiden, verspottet, verwundet, gequält und entwürdigt werden. Er ist ein Zeichen für alle, die andere verletzen, die anderen Leid zufügen.

Weil Jesus alle Leiden und alle Schuld für uns getragen hat, weil er allein unsere Wunden und die Wunden, die wir anderen zugefügt haben, heilen kann, hängen wir diesen Kranz an das Kreuz Jesu.

Stacheldrahtkranz an das Kreuz hängen

Lied

GL 161: Gottes Lamm, Herr Jesu Christ, 1. + 2. Str.

Gebet

Jesus, in allen Leidenden schreist und stirbst du weiter. Du leidest und stirbst in uns, unter uns und durch uns. Unsere Schuld hast du getragen und dein Leben für uns hingegeben. Danke, daß du uns erlöst und befreit hast von aller Schuld. Du heilst, was verwundet ist, und verbindest, was auseinander ist. Heile uns und alle Wunden, die wir verschuldet haben, und verbinde uns in Liebe mit dir und untereinander. Amen.

6. Station – Begrabene Hoffnung

Vorzubereiten: Grüne Zweige für alle, um sie in die Stacheldrahtkrone zu stecken

Lied
GL 188, 1. Str.: O Traurigkeit

Jesus, Menschen, die dich liebhatten, müssen nun Abschied von dir nehmen. Sie holen deinen toten Leib
vom Kreuz, salben ihn mit Öl, wickeln ihn in Tücher
und legen ihn in ein Grab. Einen schweren Stein wälzen
sie vor den Eingang zum Grab, dann gehen sie traurig
weg.

Jesus, viele haben alles begraben: ihre Liebe, ihre Hoffnung, ihre Zukunft, ihr Glück. Hat das Leben noch
einen Sinn, wenn man die Hoffnung begraben hat?
Wir überlegen still: Welche Hoffnungen habe ich
schon begraben, oder welche sind von anderen begraben worden?

Stille

Jesus, nach jedem Streit hoffen wir auf Vergebung,
nach jeder Operation hoffen wir auf Heilung, nach jeder Nacht hoffen wir auf einen neuen Morgen, nach
dem Tod hoffen wir auf neues Leben.
Jesus, wir hoffen, daß deine Liebe stärker ist als der
Tod. Wir hoffen, daß du auferweckt wirst zum neuen

93

Leben, daß du auch uns aus allen Gräbern herausholst und uns neues Leben schenkst.

Als Zeichen für unsere Hoffnung stecken wir grüne Zweige in den Stacheldrahtkranz. Wir möchten damit auch allen Hoffnung schenken, die ihre Hoffnung begraben haben.

Grüne Zweige einstecken – meditative Musik

Gebet
Jesus, du bist unsere Hoffnung, unser Licht und Leben. Schenke allen, die enttäuscht und mutlos sind, neue Hoffnung, allen, die nur noch schwarz sehen, dein Licht. Laß uns alle glauben, daß in jedem Ende ein neuer Anfang liegt, daß im Tod das Leben zu finden ist. Sei du unsere Hoffnung, unsere Auferstehung und unser Leben heute und in Ewigkeit. Amen.

Es ist sinnvoll, das Kreuz in der Kirche stehen zu lassen bis zum Karfreitag. Bei der Kreuzverehrung kann die Stacheldrahtkrone mit frischen Blumen besteckt werden.

Schlußlied
Liebe ist nicht nur ein Wort (E. Bücken / G. Gerken, Neue geistl. Lieder III, G. Bosse Verlag, Regensburg)

Segen

Der Herr segne und behüte euch,
er schenke euch neue Hoffnung,
Mut und Kraft für euern Weg.
Der Herr lasse sein Angesicht leuchten
über euch und sei euch gnädig.
Er erfülle euch mit Liebe und Güte,
Mit Kraft und Zuversicht.
Der Herr zeige euch sein Angesicht
und gebe euch Frieden.
Er schenke euch seine Nähe und seinen Schutz
bei Tag und Nacht,
heute und in Ewigkeit. Amen.

Inhalt